אֶפְשָׁר לִכְתֹּב כָּל אוֹת
בְּכָל מִינֵי צוּרוֹת

בְּצוּרַת דְּפוּס כַּאֲשֶׁר מַדְפִּיסִים
כְּמוֹ בַּמַּחְשֵׁב אוֹ בַּסְּפָרִים

בְּצוּרַת כְּתָב יָד כַּאֲשֶׁר כּוֹתְבִים
בַּמַּחְבֶּרֶת אוֹ סְתָם עַל דַּפִּים

יש כתב מיוחד לספרי תורה
וְצוּרָה אַחֶרֶת בָּעֵת הָעַתִּיקָה

אֵילוּ מִלִּים מַתְחִילוֹת
בְּכָל אַחַת מֵהָאוֹתִיּוֹת?

א	בכתב מרובע אני
א	בכתב יד אני
א	בכתב רש"י אני
א	בספר תורה אני
א	בכתב עברי עתיק אני

א בִּדְפוּס

א בִּכְתָב

מָה מַתְחִיל עִם אל"ף?

אֲנִי

אוֹהֵב

..אוֹהֶבֶת

אֶת

אִמָּא

וְאַבָּא

ב	בכתב מרובע אני
ב	בכתב יד אני
ב	בכתב רש״י אני
ב	בספר תורה אני
ב	בכתב עברי עתיק אני

ב בִּדְפוּס

ב בִּכְתָב

מָה מַתְחִיל עִם בי״ת?

בֹּקֶר טוֹב

בָּנִיתִי בֵּית בָּלוֹנִים

ג בִּדְפוּס

ג בִּכְתַב

בכתב מרובע אני	ג
בכתב יד אני	ג
בכתב רש"י אני	ג
בספר תורה אני	ג
בכתב עברי עתיק אני	ג

מָה מַתְחִיל עִם גימ"ל?

גַּנָּן גִּדֵּל גֶּזֶר גָּדוֹל בַּגַּן

ד בִּדְפוּס

ד בִּכְתָב

בכתב מרובע אני	ד
בכתב יד אני	ד
בכתב רש"י אני	ד
בספר תורה אני	ד
בכתב עברי עתיק אני	𐤃

מָה מַתְחִיל עִם דל"ת?

דֻּבִּי דִּבֵּר אֶל
דְּבוֹרַת דְּבַשׁ

בכתב מרובע אני	ה
בכתב יד אני	ה
בכתב רש"י אני	ה
בספר תורה אני	ה
בכתב עברי עתיק אני	𐤄

ה בִּדְפוּס

ה בִּכְתָב

מָה מַתְחִיל עִם ה"א?

הִיא הוֹלֶכֶת

הַבַּיְתָה הַיּוֹם

בכתב מרובע אני ו
בכתב יד אני /
בכתב רש"י אני ו
בספר תורה אני ו
בכתב עברי עתיק אני 𐤅

ו בִּדְפוּס

/ בִּכְתַב

מָה מַתְחִיל עִם ו"ו?

וִילוֹן

וָרֹד עִם

וְרָדִים

בכתב מרובע אני	ז
בכתב יד אני	ז
בכתב רש"י אני	ז
בספר תורה אני	ז
בכתב עברי עתיק אני	𐤆

ז בִּדְפוּס

ז בִּכְתָב

מָה מַתְחִיל עִם זַיִ"ן?

זֶבְּרָה

זְקֵנָה עִם

זָנָב

זָלְלָה

זֵיתִים

בכתב מרובע אני ח

בכתב יד אני ח

בכתב רש"י אני ח

בספר תורה אני ח

בכתב עברי עתיק אני

ח בְּדְפוּס

ח בִּכְתָב

מָה מַתְחִיל עִם חי"ת?

חָתוּל בְּחִתּוּל חִפֵּשׂ חָלָב חַם בַּחַלּוֹן

ט בכתב מרובע אני
ט בכתב יד אני
ט בכתב רש"י אני
ט בספר תורה אני
ט בכתב עברי עתיק אני

ט בִּדְפוּס
ט בִּכְתָב

מָה מַתְחִיל עִם טֵי"ת?

טַבָּח טוֹב טִגֵּן
טוּנָה טְעִימָה
בְּטִיּוּל בַּטֶּבַע

בִּדְפוּס י

בִּכְתָב י

מָה מַתְחִיל עִם יוּ"ד?

- בכתב מרובע אני י
- בכתב יד אני י
- בכתב רש"י אני י
- בספר תורה אני י
- בכתב עברי עתיק אני ז

יַלְדָּה יָפָה יָרְדָה יְחֵפָה לַיָּם

כ	בכתב מרובע אני
כ	בכתב יד אני
כ	בכתב רש״י אני
כ	בספר תורה אני
כ	בכתב עברי עתיק אני

כ בִּדְפוּס

כ בִּכְתָב

מָה מַתְחִיל עִם כ״ף?

כֶּלֶב עִם

כּוֹבַע

כִּדְרֵר

כַּדּוּר

כָּחֹל

ל בִּדְפוּס

ל בִּכְתָב

בכתב מרובע אני	ל
בכתב יד אני	ל
בכתב רש"י אני	ל
בספר תורה אני	ל
בכתב עברי עתיק אני	ל

מָה מַתְחִיל עִם למ"ד?

לְבָנָה בַּשָּׁמַיִם

לַיְלָה טוֹב

לְכֻלָּם

מ בִּדְפוּס

מ בִּכְתָב

בכתב מרובע אני מ

בכתב יד אני מ

בכתב רש"י אני מ

בספר תורה אני מ

בכתב עברי עתיק אני

מָה מַתְחִיל עִם מ"ם?

מוֹרָה מְחַיֶּכֶת בַּמִּדְבָּר

מְשַׂרְטֶטֶת מְשֻׁלָּשׁ בְּתוֹךְ מְרֻבָּע

נ בִּדְפוּס

נ בִּכְתָב

בכתב מרובע אני	נ
בכתב יד אני	נ
בכתב רש"י אני	נ
בספר תורה אני	נ
בכתב עברי עתיק אני	נ

מָה מַתְחִיל עִם נוּ"ן?

נָסִיךְ נֶחְמָד

נָעַל נַעַל-בַּיִת מִנְיָר

נִגֵּן בַּנֵּבֶל!

בכתב מרובע אני	ס
בכתב יד אני	ס
בכתב רש"י אני	ס
בספר תורה אני	ס
בכתב עברי עתיק אני	ס

ס בִּדְפוּס

ס בִּכְתַב

מָה מַתְחִיל עִם סמ"ך?

סַפָּר סַקְרָן סִפֵּר סוֹפֵר שֶׁסִּפֵּר סִפּוּר מִתּוֹךְ סֵפֶר

עַ בִּדְפוּס

؏ בִּכְתָב

בכתב מרובע אני	ע
בכתב יד אני	؏
בכתב רש"י אני	ע
בספר תורה אני	עׄ
בכתב עברי עתיק אני	○

מָה מַתְחִיל עִם עי"ן?

עֲשָׂרָה

עֲנָנִים

בְּצוּרַת

עוּגָה

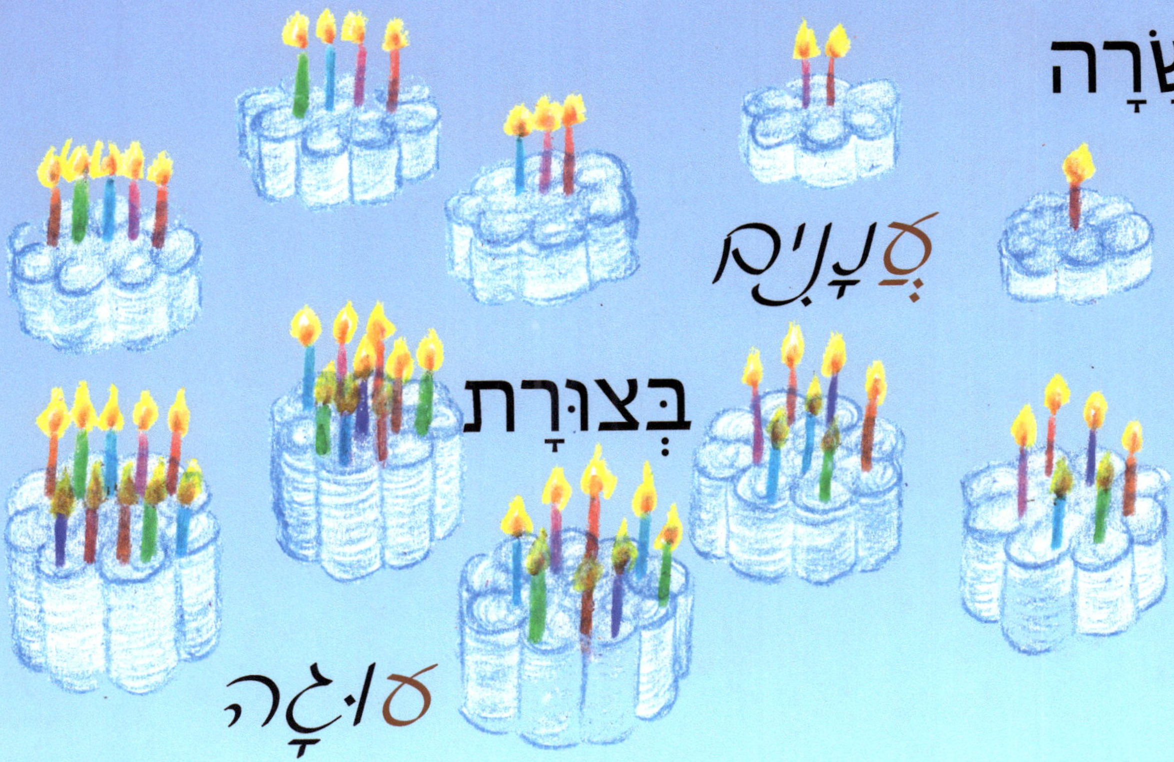

בכתב מרובע אני	פ
בכתב יד אני	פ
בכתב רש"י אני	פ
בספר תורה אני	פ
בכתב עברי עתיק אני	פ

פ בִּדְפוּס

פ בִּכְתָב

מָה מַתְחִיל עִם פ"א?

פַּרְפָּרִים בֵּין פְּרָחִים

צ	בכתב מרובע אני
3	בכתב יד אני
ƨ	בכתב רש"י אני
צ	בספר תורה אני
ℎ	בכתב עברי עתיק אני

צ בְּדְפּוּס

3 בִּכְתָב

מָה מַתְחִיל עִם צַד"י?

צַיָּר

צַיָּר

צֶבַע

צִיּוּר שֶׁל

צַלַּחַת

צִבְעוֹנִית

בכתב מרובע אני	ק
בכתב יד אני	ק
בכתב רש"י אני	ק
בספר תורה אני	ק
בכתב עברי עתיק אני	ϙ

ק בְּדְפוּס

ק בִּכְתָב

מָה מַתְחִיל עִם קוּ"ף?

קוֹף קָטָן קָפַץ מֵעַל קֶשֶׁת וְעָשָׂה קִדּוּשׁ

ר בִּדְפוּס

ר בִּכְתָב

ר בכתב מרובע אני

ר בכתב יד אני

ר בכתב רש"י אני

ר בספר תורה אני

ר בכתב עברי עתיק אני

מָה מַתְחִיל עִם רֵי"שׁ?

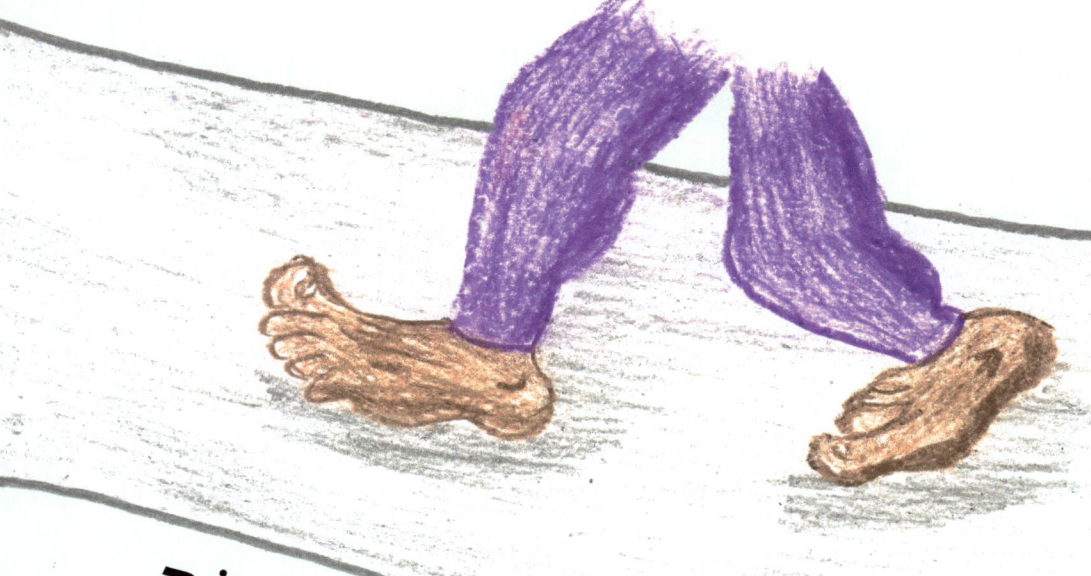

רָאִיתִי רַגְלַיִם רָצוֹת רַק בָּרְחוֹב

ש	בכתב מרובע אני
ש	בכתב יד אני
ש	בכתב רש״י אני
ש	בספר תורה אני
𐤔	בכתב עברי עתיק אני

ש בִּדְפוּס

ש בִּכְתָב

מָה מַתְחִיל עִם שי״ן?

שְׁלוֹשָׁה *שׁוֹטְרִים*

שָׁמְעוּ *שְׁמוּעָה*

עַל שׁוֹדֵד *שָׂמֵחַ* עַל שָׁטִיחַ

ת בִּדְפוּס

ת בִּכְתָב

מָה מַתְחִיל עִם תי"ו?

בכתב מרובע אני	ת
בכתב יד אני	ת
בכתב רש"י אני	ת
בספר תורה אני	ת
בכתב עברי עתיק אני	+

תְּמוּנָה

וְתֻכִּי

תַּרְמִיל עִם

תִּירָס

אֵיךְ בַּלָּשׁ גַּמָּד דִּבֵּר הַיּוֹם, וְאֶתְמוֹל זָכַר

חֲבֵרָה טוֹבָה, יְשָׁרָה כְּמוֹ לוּחַ מִשְׂחָק, נִכְנֶסֶת

סָבִיב עַל פְּנֵי צַד קִיר רָחָב שֶׁבְּרֹאשׁ תֵּל

www.ingramcontent.com/pod-product-compliance
Lightning Source LLC
Chambersburg PA
CBHW040025050426
42452CB00003B/144
9781946575111